HISTORIETAS JUVENILES:
BIOGRAFÍAS

CRISTÓBAL COLÓN

y el viaje de 1492

Dan Abnett

Traducción al español:
José María Obregón

PowerKiDS
press.

& **Editorial Buenas Letras**™
New York

Published in 2009 by The Rosen Publishing Group, Inc.
29 East 21st Street, New York, NY 10010

First Spanish Edition

Editors: Joanne Randolph and Nel Yomtov
Spanish Edition Editor: Mauricio Velázquez de León
Book Design: Julio Gil
Illustrations: Q2A

Library of Congress Cataloging-in-Publication Data

Abnett, Dan.
  [Christopher Columbus and the voyage of 1492. Spanish]
  Cristóbal Colón y el viaje de 1942 / Dan Abnett ; traducción al español: José María Obregón. – 1st ed.
       p. cm. – (Historietas juveniles, biografías)
  Includes index.
  ISBN 978-1-4358-3312-8 (pbk.) – ISBN 978-1-4358-3313-5 (6-pack)
  ISBN 978-1-4358-8559-2 (hc)

  1. Christopher Columbus–Juvenile literature. 2. America–Discovery and exploration–Juvenile literature. 3. Explorers–America–Biography–Juvenile literature. 4. Explorers–Spain–Biography–Juvenile literature. I. Title.
  E118.A2618 2009
  970.01'5092–dc22

                                                2008048446

Manufactured in the United States of America

Primer viaje de Cristóbal Colón al Nuevo Mundo

CONTENIDO

PERSONAJES PRINCIPALES

Cristóbal Colón (1451–1506) Navegante y explorador, que en busca de una ruta marina con Asia, cruzó el océano Atlántico en 1492. Cristóbal Colón realizó tres viajes más a América abriendo el camino para otras exploraciones europeas.

Rey Fernando (1452–1516) Rey de España que gobernó junto con la reina Isabel. El rey Fernando apoyó el viaje de Cristóbal Colón por ser una manera de difundir la fe cristiana y explorar nuevos territorios. El rey Fernando se casó con la reina Isabel en 1469.

Reina Isabel (1451–1504) La reina Isabel apoyó el viaje de Colón por el Atlántico. Isabel ayudó a que Colón consiguiera el dinero para su travesía. Además, la reina Isabel ayudó a Colón con sus planes.

Martín Pinzón (1442–1493) Pinzón fue el capitán de la Pinta, una de las tres embarcaciones que usó Colón en su primer viaje. Pinzón se separó de Colón durante el viaje y realizó varios descubrimientos. Pinzón murió a su regreso a España.

Vicente Pinzón (1451–1523) Hermano de Martín Pinzón. Vicente Pinzón fue el capitán de otra de las embarcaciones, la Niña. Vicente se mantuvo fiel a Colón durante sus viajes.

CRISTÓBAL COLÓN
Y EL VIAJE DE 1492

CRISTÓBAL COLÓN NACIÓ EN GÉNOVA, ITALIA, EN 1451. A COLÓN LE GUSTABA MUCHO EL MAR Y SIEMPRE QUISO SER MARINO.

EN 1476, COLÓN **NAUFRAGÓ** EN LA COSTA DE PORTUGAL Y SE QUEDÓ A VIVIR AHÍ.

POR MUCHOS AÑOS, LOS COMERCIANTES EUROPEOS VIAJARON AL ESTE PARA ALCANZAR ASIA POR TIERRA.

CRISTÓBAL COLÓN CREÍA QUE PODRÍA LLEGAR A ASIA NAVEGANDO POR EL OCÉANO HACIA EL OESTE. NADIE HABÍA INTENTADO ESTA RUTA ANTES.

EN 1484, COLÓN LE PIDIÓ AL REY JUAN II DE PORTUGAL EL DINERO QUE NECESITABA PARA SU VIAJE A ASIA. EL REY LE NEGÓ SU PETICIÓN.

COLÓN SE MUDÓ A ESPAÑA PARA TRATAR DE CONSEGUIR EL DINERO. EN 1492, DESPUÉS DE SEIS AÑOS, EL REY FERNANDO Y LA REINA ISABEL, APROBARON EL VIAJE.

¡POR FIN! MI SUEÑO DE ENCONTRAR UNA RUTA A ASIA POR MAR ESTÁ A MI ALCANCE. ¡DEBEMOS **ZARPAR** MUY PRONTO!

EL 3 DE AGOSTO DE 1492, COLÓN ZARPÓ DEL PUERTO DE PALOS, EN ESPAÑA. UNOS 40 HOMBRES FORMABAN LA **TRIPULACIÓN** DE LA SANTA MARÍA.

ADEMÁS DE LA SANTA MARÍA, COLÓN LLEVÓ DOS BARCOS MÁS PEQUEÑOS, LA NIÑA Y LA PINTA.

MARTÍN PINZÓN ERA EL CAPITÁN DE LA PINTA. SU HERMANO, VICENTE, ERA EL CAPITÁN DE LA NIÑA.

¡NUESTRA GRAN AVENTURA HA COMENZADO!

COLÓN NAVEGÓ HACIA EL SUR, HACIA LAS ISLAS CANARIAS. ESTAS ISLAS SE ENCUENTRAN EN LA COSTA OESTE DE ÁFRICA.

ALMIRANTE, LA PINTA TIENE PROBLEMAS.

LA PINTA **ATRACÓ** EN LAS ISLAS CANARIAS PARA REPARAR SU **TIMÓN**.

LA PINTA ESTÁ LISTA, PERO AHORA NO TENEMOS VIENTO.

LOS BARCOS DE COLÓN SE QUEDARON EN LAS AGUAS TRANQUILAS, CERCA DE LAS ISLAS.

EL 6 DE SEPTIEMBRE, LA PEQUEÑA **FLOTA** FINALMENTE SALIÓ DE LAS ISLAS CANARIAS.

AL INICIO, LOS VIENTOS ERAN DÉBILES Y LOS BARCOS NAVEGARON DESPACIO.

¡NAVEGAREMOS AL OESTE EN BUSCA DE CATAY!*

* CATAY ES EL NOMBRE ANTIGUO DE CHINA.

COLÓN CREÍA QUE HABÍA NAVEGADO HASTA CIPANGO, O LO QUE HOY CONOCEMOS COMO JAPÓN.

SIN EMBARGO HABÍA LLEGADO A LAS BAHAMAS, EN EL MAR CARIBE.

¡DECLARO ESTA TIERRA EN EL NOMBRE DE ESPAÑA!

ESTE ES UN MARAVILLOSO LUGAR, PERO NO ES CIPANGO.

EL 14 DE OCTUBRE, LA FLOTA DEJÓ BAHAMAS EN BUSCA DE JAPÓN.

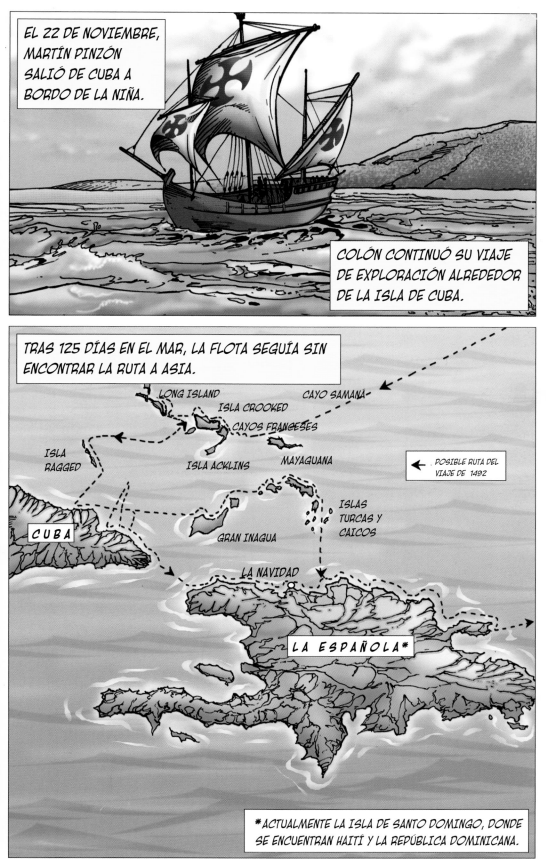

EL 22 DE NOVIEMBRE, MARTÍN PINZÓN SALIÓ DE CUBA A BORDO DE LA NIÑA.

COLÓN CONTINUÓ SU VIAJE DE EXPLORACIÓN ALREDEDOR DE LA ISLA DE CUBA.

TRAS 125 DÍAS EN EL MAR, LA FLOTA SEGUÍA SIN ENCONTRAR LA RUTA A ASIA.

LONG ISLAND

CAYO SAMANÁ

ISLA CROOKED

CAYOS FRANCESES

ISLA RAGGED

ISLA ACKLINS

MAYAGUANA

← POSIBLE RUTA DEL VIAJE DE 1492

CUBA

GRAN INAGUA

ISLAS TURCAS Y CAICOS

LA NAVIDAD

LA ESPAÑOLA*

*ACTUALMENTE LA ISLA DE SANTO DOMINGO, DONDE SE ENCUENTRAN HAITÍ Y LA REPÚBLICA DOMINICANA.

EL 5 DE DICIEMBRE DE 1492, LA NIÑA Y LA SANTA MARÍA NAVEGARON AL ESTE, HACIA LA ISLA DE LA ESPAÑOLA.

LOS INDÍGENAS DICEN QUE HAY MUCHO MÁS ORO EN LA ISLA.

LOS MARINEROS INTERCAMBIARON OBJETOS COMUNES POR ORO CON LOS INDÍGENAS.

LA NIÑA Y LA SANTA MARÍA ZARPARON EL 24 DE DICIEMBRE DE 1492. MUY PRONTO ENCONTRARON PROBLEMAS.

ALREDEDOR DE LA ISLA HABÍA MUCHOS **BANCOS DE CORAL.**

EL CORAL DESTROZÓ EL FONDO DE LA SANTA MARÍA.

EL 4 DE ENERO DE 1493, COLÓN PARTIÓ EN LA NIÑA RUMBO A ESPAÑA. COLÓN LLEVÓ CONSIGO A ALGUNOS DE SUS HOMBRES Y A UN GRUPO DE INDÍGENAS.

COLÓN DEJÓ 40 HOMBRES EN LA NAVIDAD.

¡VOLVERÉ PRONTO Y LOS LLEVARÉ A CASA!

VIAJAMOS EN UNA EMBARCACIÓN MUY PEQUEÑA EN UN PELIGROSO OCÉANO. DEBEMOS REZAR PARA LLEGAR CON BIEN A NUESTRO DESTINO.

EL 6 DE ENERO DE 1493, ENCONTRARON OTRO BARCO.

¡BARCO A LA VISTA!

LA NIÑA VIAJÓ AL ESTE DURANTE DOS DÍAS POR LA COSTA DE LA ESPAÑOLA.

¡PINZÓN! ¡QUÉ GUSTO VERTE DE NUEVO! ¡REGRESEMOS JUNTOS A ESPAÑA!

COLÓN ESTABA ENOJADO CON MARTÍN PINZÓN POR HABERSE IDO. PERO TENER OTRO BARCO PARA VIAJAR A ESPAÑA, LO HIZO MUY FELIZ.

EL 14 DE FEBRERO DE 1493, EL OCÉANO ATLÁNTICO FUE AZOTADO POR UNA ENORME TORMENTA.

DURANTE LA TORMENTA LOS DOS BARCOS SE SEPARARON.

AL DÍA SIGUIENTE, TRAS LA TORMENTA, COLÓN MIRÓ EL OCÉANO A SU ALREDEDOR.

NO ENCONTRÓ A LA PINTA, PERO VIO ALGO QUE LO HIZO FELIZ.

¡TIERRA A LA VISTA!

COLÓN VEÍA LAS ISLAS AZORES. SU HOGAR ESTABA MUY CERCA.

ISLAS AZORES

PORTUGAL ESPAÑA

LISBOA

EL 4 DE MARZO DE 1493, SE DETUVIERON POR PROVISIONES Y A REPARAR LA NAVE EN LISBOA, PORTUGAL.

ISLAS MADEIRA

COLÓN HABLÓ CON EL REY JUAN II DE PORTUGAL ACERCA DE SU VIAJE.

HE DESCUBIERTO NUEVOS TERRITORIOS PARA ESPAÑA.

PERO NO FUE ASÍ, SE LO ASEGURO.

SI NAVEGASTE POR AGUAS PORTUGUESAS ENTONCES PUEDO RECLAMAR PARTE DEL TERRITORIO PARA NUESTRO PAÍS.

EL REY LE CREYÓ A COLÓN.

A BORDO DE LA NIÑA, COLÓN LLEGÓ A ESPAÑA EL 15 DE MARZO DE 1493.

¡SUS MAJESTADES! EL VIAJE HA SIDO UN ÉXITO.

EL VIAJE DE COLÓN DURÓ 224 DÍAS.

HE REGRESADO AL NUEVO MUNDO VARIAS VECES. PERO AÚN QUEDA MUCHO POR EXPLORAR.

EN LOS SIGUIENTES 11 AÑOS, COLÓN REGRESÓ A LAS ISLAS TRES VECES. HIZO GRANDES DESCUBRIMIENTOS PERO NUNCA ENCONTRÓ UNA NUEVA RUTA A ASIA.

FIN

CRONOLOGÍA

1451	Cristóbal Colón nace en Génova, Italia.
1476	Colón naufraga en la costa de Portugal.
1484	Colón se reúne con el rey Juan II de Portugal.
1486	Colón se reúne por primera ocasión con el rey Fernando y la reina Isabel de España.
1492	El 3 de agosto, Colón zarpa de Palos, España con la Niña, la Pinta y la Santa María.
	El 6 de septiembre, la flota parte de Gomera, una de las Islas Canarias.
	El 12 de octubre se ve tierra. La flota ha llegado a Bahamas. Pronto, navegarán hacia Cuba.
	El 22 de noviembre, el capitán Martín Pinzón desobedece a Colón y deja Cuba en busca de oro.
	El 5 de diciembre, la Niña y la Santa María navegan hacia la Española.
1493	El 2 de enero, Colón regresa a España.
	El 6 de enero, Colón encuentra a Martín Pinzón cerca de la costa de la Española.
	El 4 de marzo, Colón llega a Lisboa, Portugal.
	El 15 de marzo, Colón llega a Palos, España.

GLOSARIO

algas marinas (las) Plantas que crecen en el océano.

atracar Asegurar una embarcación, a un muelle o en la costa para que no se mueva.

bancos de coral (los) Grupos de corales bajo el agua.

desanimarse No tener seguridad de algún evento.

explorar Viajar hacia lugares poco conocidos.

flota (la) Grupo de barcos bajo las órdenes de una persona.

fuerte (el) Un edificio muy seguro que se usa para cuidarse de los enemigos.

indígena (el/la) Persona que nació en un país o territorio.

naufragio (el) Hundimiento o pérdida de un barco en el agua.

timón (el) Aparato en la parte trasera de un barco que se usa para dirigirlo.

tripulación (la) Grupo de personas que conducen un barco.

zarpar Marcharse, irse en barco de un lugar.

ÍNDICE

PÁGINAS EN INTERNET

Debido a los constantes cambios en los enlaces de Internet, Rosen Publishing Group, Inc. mantiene una lista de sitios en la red relacionados con el tema de este libro. Esta lista se actualiza regularmente y puede ser consultada en el siguiente enlace:
www.powerkidslinks.com/jgb/columbus/